# Colega lee

## Serie naranja
## UN CASO DE CINE

Usa este código para acceder al
**BANCO DE RECURSOS**
disponible en

É digital
LE

www.anayaeledigital.es

edelsa

Ana, Rubén, Elena, Chema, Julia y Colega forman el CACI: un comité secreto para descubrir misterios y ayudar a sus vecinos. Tienen un buzón en la panadería de Vicente para recibir las cartas de petición de ayuda.

1.ª edición: 2025

© Edelsa Grupo Didascalia, S.A. Madrid, 2025.

© Directora del proyecto y coordinadora: María Luisa Hortelano.
© Autora: Elena González Hortelano.
Equipo editorial:
Coordinación: Alicia Iglesia.
Edición: Alicia Iglesia y Marie Sodore.
Corrección: Alicia Iglesia.
Diseño de cubierta: Carolina García.
Ilustradora: Ángeles Peinador.

ISBN: 978-84-9081-935-7
Depósito Legal: M-14542-2025
Impreso en España / *Printed in Spain*

PAPEL DE FIBRA
CERTIFICADO

Queridos miembros del CACI:

Hola, ¿cómo estáis?
Soy Leo Baraja, la bruja de las estrellas
de cine. Os escribo porque veo algo
terrible en el futuro de Estrella Rubio,
la actriz que hace de Marilyn Monroe
en la película *La vida de Marilyn*.
Necesito vuestra ayuda urgentemente.
Os espero mañana a las siete de la tarde
en la cafetería del hotel Hollywood.
Sé que vais a venir,

Leo Baraja

Fuimos a la cafetería del hotel Hollywood. No
había nadie. Preguntamos por Leo y la camarera
nos llevó a una mesa del fondo, donde esperaba
una mujer.

—Hola, ¿eres Leo Baraja? —pregunté—. Soy Ana.
Somos el Comité de Ayuda Ciudadana.

—Hola. Por favor, hablad bajo. Todas las personas
que trabajan en la película *La vida de Marilyn*
están aquí. El viernes que viene va a ser el estreno
y, después, va a haber una fiesta en el hotel.

—En la fiesta, alguien va a envenenar a Estrella Rubio —siguió Leo—. Lo veo en mi bola de cristal. Hay bebidas y una copa tiene veneno. Estrella va a beber de esa copa. Soy amiga de Estrella y estoy muy preocupada, tenéis que ayudarme.

—Pero si la vida de Estrella está en peligro, tienes que llamar a la policía —dijo Rubén.

—Si llamo a la policía y le cuento que soy una bruja, seguro que no me creen —dijo Leo—. Además, no quiero decir nada a Estrella porque el estreno y la fiesta van a ser su momento de gloria. Traigo información sobre quién va a llevar la comida y la bebida a la fiesta. Tomad. Ahí viene Estrella, por favor, guardad silencio.

Entonces entró Estrella.
—Estrella, estos son mis sobrinos Ana, Rubén, Chema, Julia y Elena. ¿Pueden venir el viernes a la fiesta? —preguntó Leo.

—Claro, los voy a poner ahora mismo en la lista
de invitados. Ahora tengo prisa. Encantada de
conoceros.

—No somos tus sobrinos —dijo Chema.

—Así podéis entrar en la fiesta —contestó Leo.

—Antes de la fiesta, tenemos que hablar con
Estrella para preguntarle sobre su vida y saber
quién puede querer envenenarla —dijo Elena.

—Estrella no debe saber nada. Hablo con ella y
mañana por la tarde os espera aquí. Camarera,
la cuenta, por favor.

Al día siguiente, nos reunimos en casa de Julia antes de ir al hotel. Elena trajo la carpeta con la información de Estrella.

—Leí los papeles que nos dio Leo ayer y estoy investigando sobre Estrella Rubio —dijo Elena.

—Estrella es la protagonista de cinco películas. La primera fue una película de miedo para jóvenes, se llama *Terror en el instituto*. La segunda y la tercera son comedias románticas. El año pasado hizo una película policíaca en México, *La Luna sobre Teotihuacan*. *La vida de Marilyn* es su quinta película.

—En los papeles que nos dio Leo está la dirección de la empresa que va a preparar la comida y la bebida para la fiesta. Chema y yo queremos ir a ver qué encontramos —dijo Rubén.

—Vale. Nosotras vamos a hablar con Estrella. ¿Creéis que debemos llamar a la policía? —dije.

—No, Leo tiene razón. Si le contamos a la policía que una bruja dice que alguien va a envenenar a Estrella, no nos van a creer. Vamos a ver qué encontramos y, si hay peligro, llamamos.

Rubén y Chema se fueron a la empresa que organizaba la fiesta.

Nosotras fuimos al hotel en autobús. Al llegar, no había nadie. Era un poco antes de la cita.

Justo cuando Elena, Julia y yo entramos en la cafetería del hotel, Leo nos llamó por teléfono.

—Estrella no puede veros esta tarde, ayer una camarera la golpeó en un ojo con una bandeja y no se encuentra bien —dijo.

Nos sorprendió, pero en ese momento, Estrella llegó a nuestra mesa con unas gafas de sol muy grandes. No le dijimos nada de la llamada de Leo y hablamos solo sobre sus películas, su vida y sus amigos en los últimos años y no sospechó nada de nuestras preguntas.

—Estrella, ¿puedes darme un autógrafo para mi hermano? —dijo al final Julia—. Se llama Ramón.

—Claro. Estrella sacó del bolso una foto suya, escribió algo y la firmó.

10

Mientras, Rubén y Chema fueron a la empresa que organizaba la fiesta. Cerca del edificio, vieron a un hombre joven sospechoso que hacía fotos. Se escondieron detrás de una camioneta para no ser vistos.

—Rubén, ¿ves a ese hombre? ¿Qué está haciendo? —dijo Chema.

—Está haciendo fotos de la empresa. ¿Por qué crees que las hace?

—No sé. ¡Mira, va hacia la puerta! Vamos a seguirle.

Rubén y Chema fueron detrás de él.

Chema y Rubén se acercaron a la puerta y le escucharon hablar con el portero.

—Esta empresa va a llevar la comida y la bebida a la fiesta del estreno de *La vida de Marilyn*, ¿verdad?

—preguntó el hombre. El portero dijo que sí.

—¿Puede decirme qué van a comer y a beber? El portero le explicó el menú.

El hombre le dio las gracias al portero y se marchó. Chema y Rubén decidieron seguirlo. El hombre entró en una floristería. Después de cinco minutos, salió de la floristería con un gran ramo de rosas. Luego, siguió caminando y Chema y Rubén fueron detrás, intentando no ser vistos.

Después de despedirnos de Estrella, Elena, Julia y yo fuimos a dar una vuelta por el hotel Hollywood y llegamos a la sala de fiestas. Ya estaba casi todo preparado.

—Esta puerta da a una cocina —dijo Elena—. Seguramente en estas mesas van a dejar la comida y la bebida que los camareros tienen que llevar a los invitados.

—Mirad —dijo Julia señalando hacia arriba—. Hay cámaras en el techo. Son cámaras de seguridad. Si alguien envenena la comida o la bebida en esta sala, las cámaras lo graban.

Salimos de la sala y vimos a un hombre joven con una cámara de fotos y un ramo de rosas andando por el pasillo del hotel. Entonces aparecieron Chema y Rubén.

—¡Silencio! —dijo Rubén—. Lo estamos siguiendo desde la empresa de comidas. ¡Estaba allí haciendo fotos! Luego, habló con el portero y le preguntó por el menú de la fiesta. Vamos a ver adónde va.

Seguimos al hombre hasta la puerta de una habitación. Dejó el ramo de flores en el suelo, llamó a la puerta y salió corriendo. Julia salió corriendo detrás de él, los demás nos quedamos esperando. La puerta se abrió y apareció Estrella Rubio con sus gafas de sol. Vio el ramo en el suelo y miró a los dos lados del pasillo. Tomó el ramo del suelo, entró en la habitación y cerró la puerta.

Bajamos a la recepción, Julia estaba con el sospechoso.

—¿Quién eres?, ¿qué haces aquí?, ¿por qué te interesan Estrella Rubio y el menú de su fiesta? —le preguntamos.

Estaba sorprendido, pero tranquilo.

—Me llamo Jaime —dijo—. Soy periodista. Trabajo en el periódico *Noticias de la Ciudad*, escribo en las secciones de cultura y sociedad. Voy a hacer un reportaje sobre el estreno de *La vida de Marilyn* y busco información.

—¿Y por qué llevaste a Estrella un ramo de rosas? —dijo Chema.

—Por favor, hablad bajo. Vamos a otro sitio y os lo cuento.

Fuimos a un parque y nos sentamos en un banco. Jaime empezó a contarnos toda la historia.

—Estoy enamorado de Estrella y ella también de mí —dijo por fin Jaime—. Somos novios desde hace año y medio.

—No te creo —dije—. Antes hablamos con ella y no dijo nada de ti.

—Porque es un secreto, no lo sabe nadie, solo Leo —dijo Jaime—. Leo dice que Estrella va a hacer una película con el famoso director Alfredo Cámara y que va a ser la mejor de su carrera. Pero dice que, si Estrella se casa conmigo ahora, no hace la película. Estrella no quiere dejarme, y como nadie sabe que somos novios, nos vemos en secreto y a veces nos escribimos cartas. ¡Estuve con ella en México el año pasado y fue maravilloso!

—¿Puedes enseñarnos algunas de esas cartas?

—Puedo enseñaros todas, o al menos
las suficientes para convenceros.

—¿Estás invitado a la fiesta?

—Claro que sí. Estrella me puso en
la lista de invitados.

—Está bien, allí nos vemos.
Lleva las cartas, por favor.
Queremos conocer la verdad.

Al día siguiente, quedamos en nuestra casa para prepararnos para la fiesta. Mientras nos vestíamos, sonó mi teléfono. Era Leo Baraja.

—Hola, Ana. Te llamo porque tengo información nueva sobre lo que va a pasar esta noche en la fiesta. Anoche soñé con el asesino de Estrella y es... ¡ella misma! Ella pone el veneno en la copa. Ahora tengo que colgar.

Cuando llegamos al hotel, Elena, Chema y Rubén fueron a la sala de fiestas para vigilar a los invitados, las bebidas y también a Leo y a Jaime, ¡todos eran sospechosos! Julia y yo fuimos a la habitación de Estrella. La puerta estaba abierta. Entramos y escuchamos ruidos en el baño. Julia y yo nos escondimos en el armario.

Abrimos un poco el armario y vimos salir del baño a Estrella. Aún llevaba las gafas de sol. Se miró en el espejo y se puso un poco de perfume. De pronto entró en la habitación ¡otra Estrella Rubio exactamente igual!, y se quedó mirando a la primera Estrella.

—¿Qué estás haciendo en mi habitación? —dijo la segunda Estrella desde la puerta.

—Esta habitación no es tuya, es mía —contestó la primera.

La segunda Estrella salió de la habitación otra vez y cerró con llave. ¡Estábamos encerradas!

Chema, Rubén y Elena estaban en la sala de fiestas sin saber nada. Chema estaba con Leo, y Elena y Rubén seguían a Jaime. Jaime miró su reloj.

—Ya está empezando la fiesta y Estrella aún no está aquí —dijo en voz alta—. Voy a buscarla a su habitación.

—Rubén, vamos a seguirle —dijo Elena—. Ana y Julia tampoco están aquí.

Poco después de quedarse solo con Leo, Chema vio a Estrella entrar en la sala de fiestas con sus gafas de sol y acercarse a la mesa con las bebidas. Leo y Chema corrieron hacia ella.

—¡No, Estrella! —dijo Leo, y la tomó del brazo.

Cuando llegó, Chema se quedó impresionado, no se lo podía creer: ¡en la mano de Estrella había un bote de veneno!

Estrella empujó a Leo y salió por la puerta de la cocina. Chema corrió detrás de ella, pero Estrella fue más rápida que él.

Julia llamó a la policía y, al poco tiempo, nos abrieron la puerta de la habitación de Estrella. Poco después, llegaron a la habitación Elena, Rubén y Jaime. Jaime y Estrella se abrazaron. Luego, llegaron Chema y Leo Baraja.

La policía nos preguntó qué pasaba.

—¡Estrella intenta suicidarse! —dijo Leo.

—No —dije—. Hay dos Estrellas. La verdadera Estrella estaba aquí encerrada con Julia y conmigo desde hace una hora.

—¿La que puso el veneno es una falsa Estrella? ¡Es imposible!

—Sí, así es.

—No os preocupéis. Las puertas del hotel están cerradas. —dijo un policía—. Si hay otra Estrella, la vamos a encontrar.

Llegó otro policía. Llevaba en la mano un vestido y unos zapatos iguales a los que llevaba Estrella Rubio, una peluca rubia y unas gafas de sol.

—Encontramos esto en la cocina —dijo.

—La sospechosa se quitó el disfraz, ¡puede ser cualquiera! —dijo el primer policía.

—¡Un momento! —dijo Julia, y sacó de su bolsillo la foto de Estrella Rubio con el autógrafo—. Todavía tengo aquí esto. Jaime, por favor, saca las cartas de Estrella. Si la letra no es igual…, ¡tenemos la caligrafía de la sospechosa!

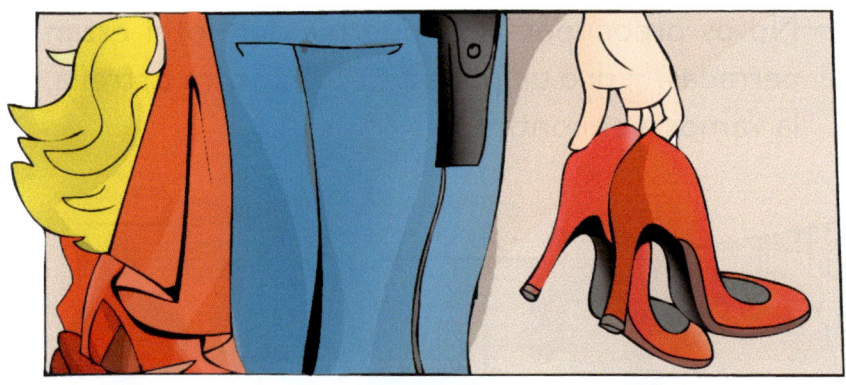

Julia tenía razón, la letra no era igual. La policía hizo firmar a todas las personas que había en el hotel en el libro de visitas y encontraron a la falsa Estrella Rubio. ¡Era la camarera de la cafetería del hotel! Un enfermero de los servicios de salud mental vino a buscarla.

—Está enferma, cree que es Estrella Rubio. Se escapó del centro de salud hace una semana, ¿hizo algo malo?

—No —dijo el policía—. El bote de veneno solo tenía agua, podéis beber tranquilos.

Un camarero pasó cerca y todos, incluida Estrella Rubio, tomamos una copa de la bandeja, brindamos y bebimos.

La policía se marchó y nosotros nos quedamos en la fiesta.

—Estrella, ¿quieres casarte conmigo? —preguntó Jaime.

—¡Claro que sí! —contestó Estrella.

Un hombre se acercó a nosotros.

—Hola, Estrella. Soy Alfredo Cámara. ¿Quieres ser la protagonista de mi próxima película? Empezamos a rodar el lunes.

—¡Claro que sí! —dijo Estrella—. ¡Y tú y yo nos casamos! —le dijo a Jaime.

Leo Baraja sacó un péndulo de su bolsillo:

—¡Vais a ser muy felices! —dijo sonriendo.

28

# Actividades de explotación:
## UN CASO DE CINE

**1. Comprensión lectora.**
**Contesta a estas preguntas.**

**a.** ¿A qué tipo de fiesta están invitados los chicos del CACI? ¿Dónde es?

......................................................................................................................

......................................................................................................................

**b.** ¿Por qué los chicos del CACI deciden no decir nada a la policía?

......................................................................................................................

......................................................................................................................

**c.** ¿Qué tipo de película hizo Estrella en México? ¿Estuvo Jaime con ella?

......................................................................................................................

......................................................................................................................

**d.** ¿Por qué, según Leo, Jaime y Estrella no pueden casarse ahora?

......................................................................................................................

......................................................................................................................

**e.** ¿Quién se disfraza de Estrella Rubio? ¿Por qué?

......................................................................................................................

......................................................................................................................

**2. Los géneros de cine.**
**Escribe las letras que faltan y completa los diferentes tipos de películas.**

**a.** Políc_l_ p_li_iaca

**b.** Película de te _ _or

**c.** Pelí_ula de c_e_ _ia f _ _c_ _n

**d.** Políc_ _ _ del oe_ _e

**e.** P_lícula _ _mántic_

**f.** Co _ _dia

**g.** Pe_ícu_a d_ avent_ _ _ s

**h.** P _ _ _ ula de ac_ió_

**i.** D_ _ujos ani_ _dos

**j.** Mu_ _ cal.

**¿Cuáles son tus películas favoritas? ¿Por qué?**

......................................................................................................................

......................................................................................................................

**3. ¡Es mía!**

**Transforma las frases y utiliza un pronombre posesivo como en el ejemplo.**

**a.** Esta entrada para la fiesta del estreno es <u>mi</u> entrada. *Esta entrada es <u>mía</u>*

**b.** Esta habitación es de Estrella Rubio. ...........................................

..............................................................................................

**c.** Estos vestidos de fiesta son de Ana y Elena. ..............................

..............................................................................................

**d.** Esta película es mía y de mi hermano. ......................................

..............................................................................................

**e.** El péndulo y la bola de cristal son de Leo. ................................

..............................................................................................

**f.** Este es tu ramo de flores. ........................................................

..............................................................................................

**g.** El periódico es tuyo y de tu amigo. ..........................................

..............................................................................................

**4. ¿Qué van a hacer?**

**Leo Baraja lee el futuro de Estrella y de Jaime. Pon las frases en futuro próximo y escribe las cosas que van a hacer.**

**a.** Estrella <u>se hace</u> muy famosa con la película de Alfredo Cámara.
*Estrella se va a hacer muy famosa con la película de Alfredo Cámara.*

**b.** Jaime y Estrella <u>se casan</u> en el mes de mayo del año que viene.

..............................................................................................

**c.** Estrella <u>tiene</u> ofertas para hacer comedias románticas.

..............................................................................................

**d.** Leo Baraja <u>es</u> la madrina de la boda de Jaime y Estrella.

..............................................................................................

**e.** Ana y sus amigos <u>van</u> a la boda de Jaime y Estrella.

..............................................................................................

**Ahora escribe tus propias predicciones para Estrella.**

**f.** *Estrella va a presentar un programa de televisión.*

**g.** ........................................................................................

**h.** ........................................................................................

**5. Ahora imagina que Leo Baraja también lee tu futuro. Escribe tres predicciones para ti:**

**a.** El año que viene yo voy a ............................................................

**b.** Dentro de cinco años yo ...............................................................

**c.** Dentro de diez años ......................................................................

**6. Los programas de televisión.**
**Después del golpe, Estrella se queda en su habitación viendo programas de televisión con Leo. Escribe qué tipo de programas son.**

**a.** En este programa aparecen músicos, como guitarristas.
   *Programa de música.*

**b.** Este programa cuenta cómo es la vida de los pingüinos.
................................................................................................................

**c.** En este programa cuentan chistes.
................................................................................................................

**d.** En este programa te hablan de las guerras que hay hoy en el mundo.
................................................................................................................

**e.** Si ves este programa, vas a saber si tienes que usar el paraguas.
................................................................................................................

**7. Los indefinidos.**
**Completa cada frase con la palabra correcta.**

**algunas - ninguna - suficientes - nadie - alguien**

**a.** ................................. va a intentar envenenar a Estrella en la fiesta.

**b.** Jaime lleva a la fiesta ................................. cartas de Estrella.

**c.** Al final no hay ................................. copa envenenada.

**d.** Cuando quedan con Leo en la cafetería, no ven a ........................... .

**e.** La peluca y el vestido son ................................. pistas para saber que hay una falsa Estrella Rubio.

**8. ¡Ahora tú!**

Ayuda a Jaime a escribir una noticia sobre la fiesta del estreno de *La vida de Marilyn*. Recuerda contestar a las preguntas del periodista: *qué, dónde, quién, cómo, cuándo* y *por qué.* Ilustra tu noticia.

NOTICIAS DE LA CIUDAD

.................................................................

......................................................................................

......................................................................................

......................................................................................

......................................................................................

......................................................................................

......................................................................................